Work Quietly and Eat Your Own Bread

Work Quietly and Eat Your Own Bread

42 Bible Verse and Inspirational Word Puzzles to Keep You from Being Idle

Jamie L. Sawyers

iUniverse, Inc.
Bloomington

Work Quietly and Eat Your Own Bread
42 Bible Verse and Inspirational Word Puzzles to Keep You from Being Idle

Crossword puzzles were created using licensed Crossword Weaver software (www.CrosswordWeaver.com).

Word search puzzles were created using licensed 1-2-3 Word Search Maker™ software (www.WordSearchMaker.com).

All scripture quotations and references are taken from the King James Version of the Bible.

iUniverse books may be ordered through booksellers or by contacting:

iUniverse
1663 Liberty Drive
Bloomington, IN 47403
www.iuniverse.com
1-800-Authors (1-800-288-4677)

ISBN: 978-1-4620-4026-1 (sc)
ISBN: 978-1-4620-4027-8 (ebk)

Printed in the United States of America

iUniverse rev. date: 07/18/2011

Also by Jamie L. Sawyers

Hidden Danger

Caution Quicksand

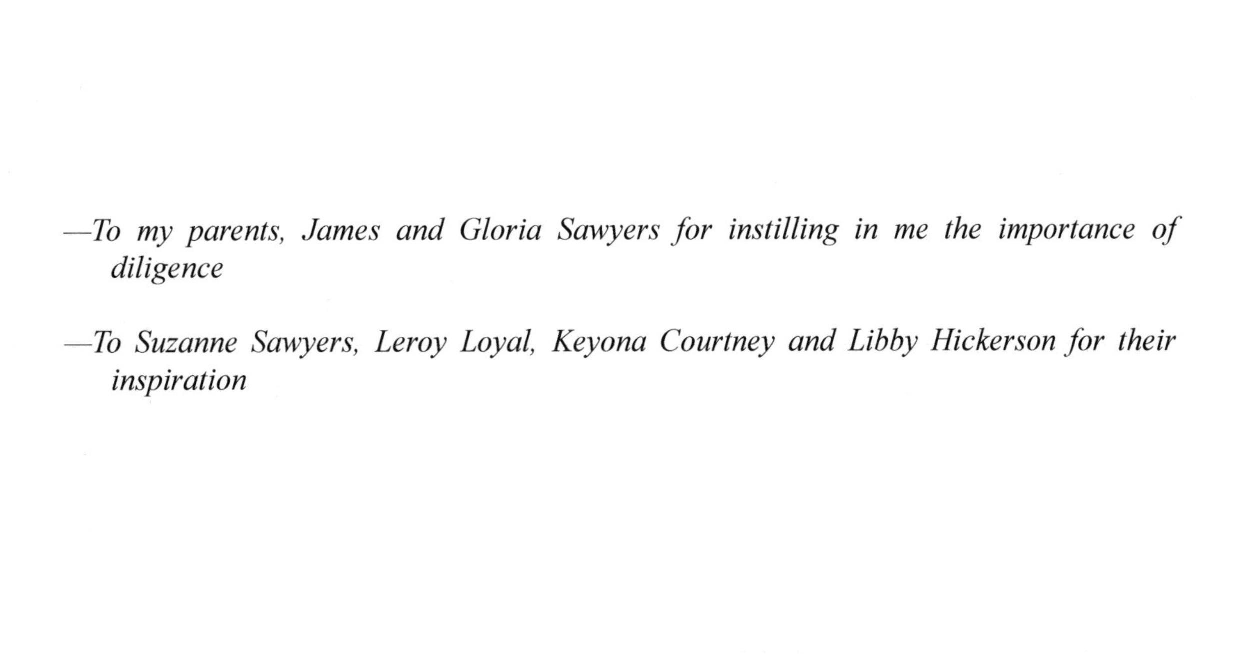

—To my parents, James and Gloria Sawyers for instilling in me the importance of diligence

—To Suzanne Sawyers, Leroy Loyal, Keyona Courtney and Libby Hickerson for their inspiration

As the door turneth upon his hinges, so doth the slothful upon his bed.

~ *Proverbs 26:14*

CONTENTS

Introduction

Sloth, one of the seven deadly sins, is a vice that can lead people astray in a variety of ways. For instance, laziness is a peril of sloth that keeps a person from putting forth the effort necessary to do anything productive, even if the activity benefits him, his neighbor, or all of mankind. Idleness, another by-product of sloth, leads to boredom and restlessness. Someone who is idle may easily fall into mischief.

There is hope, however! The virtue of fortitude overcomes sloth, and diligence keeps idleness at bay. The Bible verses, word lists, and crossword clues contained in the following puzzles shed light on the benefits of diligence and fortitude versus the results of slothfulness, laziness, and idleness.

Have fun puzzle-solving and stay busy!

Puzzle-Solving Instructions

Word Search Puzzles

Words are hidden in each puzzle, and appear backwards, forwards, horizontally, vertically, and/or diagonally. Some letters and/or words may overlap. When an entry is found, circle it in the puzzle and mark it off the list provided.

Crossword Puzzles

Fill in the answers to the clues provided in the corresponding spaces in the puzzle.

Solutions

Solutions appear in the back of the book.

All scripture quotations and references are taken from the King James Version of the Bible.

Puzzle 1

Work Quietly and Eat Your Own Bread
2 Thessalonians 3:11-12

```
T E X H O R T X G R D H F G Q X
H H W T I A N O W N P Q N R U R
T N E E N O T T U K M I M Y I L
I R H R W T B A L O K D K S E R
W T D F E K W Y L R Y B R E T T
T N S N B A X L O L Y U O I N S
A H O I L R R W T U L T W D E O
H W C K R J E E M R R A Y O S M
T M T U E H L A A Y E R E B S E
Z V T S S X C E D M D E H Y A W
N P U M F E H T L N R K T S N H
T S V Z J J R D X X O L E U D I
W G N O M A F A T V S O W B E C
T A H T M E H T M F I R R N A H
K T V N C T T H A T D D O M T N
R D N A M M O C E W G Z F B F M
```

For we
hear
that
there are
some which
walk
among
you
disorderly,
working
not
at all,
but are
busybodies.
Now
them that
are such
we command
and
exhort
by our
Lord
Jesus
Christ,
that with
quietness
they work,
and eat
their
own
bread.

Puzzle 2

Hold your tongue!
Psalm 34:12-14

What
man
is he
that
desireth
life,
and
loveth
many
days,
that he
may
see
good?
Keep
thy
tongue
from evil,
and thy
lips from
speaking
guile.
Depart from
evil, and
do
good;
seek
peace, and
pursue
it.

Puzzle 3

Road to Happiness
Psalm 128:1-2

F	R	D	T	R	Q	Q	T	P	Y	H	P	F	Z
L	N	H	H	Y	L	H	S	H	E	H	T	K	M
B	H	A	A	H	O	D	T	O	O	G	R	I	N
F	T	P	T	U	N	K	G	C	N	U	P	I	W
O	E	P	T	A	D	E	E	H	T	E	B	C	D
R	K	Y	H	D	O	F	T	H	I	N	E	E	R
D	L	S	L	E	T	L	A	H	S	F	G	F	U
L	A	H	R	S	L	L	A	H	S	D	E	X	O
L	W	A	L	S	W	T	R	C	K	A	R	W	B
E	T	L	Q	E	R	A	A	H	R	Y	L	O	A
W	A	T	F	L	K	N	Y	E	Y	Y	P	W	L
E	H	N	S	B	D	Y	T	S	D	H	I	S	E
B	T	I	J	I	C	H	M	L	B	G	F	M	H
W	J	C	T	M	K	E	V	E	R	Y	K	R	T

Blessed
is
every
one
that
feareth
the
Lord;
that walketh
in
his
ways.
For
thou
shalt
eat
the labour
of thine
hands:
happy shalt
thou be,
and it
shall
be well
with
thee.

Puzzle 4

Faint Not
Galatians 6:9-10

```
L L T D V D D W Q W W K T E Y L
M E H T O T N U H Z E C L S T L
N N N O D P K O K T L V N P I A
G R G X A H A W X E L C Q E N H
P O R E H R S N V L D M D C U S
D H R A E Y W P C D O R T I T E
R L V F H H E N F N I O L A R W
E E X K A H M N O A N W K L O D
J H N V K I W N S S G H X L P L
H G T K Q D N E U U A Y F Y P O
M N I F W E L T A M T E P Z O H
G E D G O T B E N R T E S N F E
B G N W E U D W R O Y N L O D S
E R O F E R E H T C T I R Y H U
N T Q M H T I A F F O I N Q L O
U N T O A L L T L J N B M B N H
```

And let
us not
be
weary in
well doing:
for in
due
season
we shall
reap,
if we
faint not.
As we
have
therefore
opportunity,
let us
do good
unto all
men,
especially
unto them
who are
of the
household
of faith.

Puzzle 5

Excuses, Excuses
Proverbs 20:4; 22:13

R	J	T	R	R	A	N	D	H	A	V	E	T	V	P
N	Z	V	B	E	O	E	Y	W	W	H	S	N	T	T
I	T	V	E	I	A	W	R	K	G	E	G	D	H	T
G	O	T	L	H	S	S	Y	E	V	Z	V	R	E	H
E	F	N	G	F	L	L	O	R	H	T	I	A	S	E
B	T	C	O	L	R	L	A	N	L	T	V	G	L	S
N	H	D	G	T	F	H	A	I	X	A	Y	G	O	T
R	E	P	H	R	H	T	K	H	N	S	Z	U	T	R
W	V	W	N	K	O	I	C	Q	S	I	M	L	H	E
J	T	M	P	N	W	P	N	W	Z	L	N	S	F	E
F	A	C	L	M	C	N	J	G	Z	K	J	E	U	T
N	W	L	N	O	W	I	T	H	O	U	T	H	L	S
L	I	V	L	E	R	O	F	E	R	E	H	T	K	X
W	P	D	Y	N	T	N	P	P	L	O	W	B	Y	C
M	W	L	Y	L	I	S	H	A	L	L	B	E	Z	F

The sluggard
will not
plow by
reason
of the
cold;

therefore
shall he
beg in
harvest,
and have
nothing.

The slothful
man
saith,
There
is a
lion

without,
I shall be
slain in
the streets.

Puzzle 6

Desires of the Slothful
Proverbs 21:25-26

C T R M F M M K C P W L X T N
N W G O D K D C I C R L W K L
R W R M M L N F O L G B X Z R
B Z Y A D F A L E V L H E L G
R H M C T L H N R R E E Z Z J
G I N O L R T G I W S T T D T
N M N T U E E R S T K D E H L
P T H O H H V E E H K G N T C
R E B T T T I E D D H L N A H
R A F E E T G D E R Y J L O H
L O C S R U D I H K S I H V L
W T D U A B X L T J N N J X H
V N Q F P J G Y Q T P F N N G
T G N E S J S L O T H F U L H
H N N R S U O E T H G I R J G

The desire
of the
slothful
killeth
him;
for
his
hands
refuse to
labour.
He
coveteth
greedily
all the
day
long:
but the
righteous
giveth and
spareth
not.

Puzzle 7

Eating the Bread of Others
Proverbs 23:6-8

G C V L N O T T H E T N Y X S
Z K T H I N K E T H B T N A N
X R N M M Q U Y T S K R I M G
E H S A R O F R E M I T E T V
D F E K H R T H E L H H O A H
R W Y T G H S A X H I N N V D
I L E M A I T T E S N V H I M
N S T T O S R T H T I K E I L
K I A S D E S I R E T H O U S
H T E E H G M L O G E D T P T
L R M T A N N B F M M A T U R
Y A I Z K T R R H N K I R T B
L E N A H T A H I K J N A L Z
N H W I T H Z N M H T T E V Y
H E E H T O T P D T B Y H D T

Eat
thou
not the
bread
of him
that
hath an

evil
eye,
neither
desire thou
his
dainty
meats:

For as he
thinketh
in his
heart,
so is he:
Eat and
drink,

saith he
to thee;
but his
heart is
not
with
thee.

Puzzle 8

Gossip

If you can't say something nice . . .

```
J N C T V L A D N A C S W L K N M N R B
K D K R R T X V R U M O R X N H R E F W
W E B O E Y D L H L L G M N G M L L R S
L F T U P B R V D T K R M W M D R A L P
B A F B S M Y R B H U Y M P D L T T H R
A M Y L I Q K K X Y N O E E R T K E R E
C A D E H M V T V X Q G M S X A G L X A
K T O M W I M P L Y X R R R O N T T N D
B I B A Y K H T T P E P P A E N W T C D
I O Y K T L P K N T F I Q I P B N A L H
T N S E W V H M T L H S N W M E B T F E
I Y U R G P W A N T H S R S H T V A W N
N N B D X J H P U E T O B E I M G I L Q
G H M R F C R O A I S G Q P L N K M N B
C K G N E E M R G L M P Y N N B U X T E
F R R L L D S A A C L W L N Y C B A P M
X N D T A A T N Q Y P G B D H D Y A T W
B I T B Y O D S U O L A D N A C S Y B E
F A Y R R E W T A L E B E A R E R Q K X
T N H H R R E P P O R D S E V A E T T R
```

BABBLER
BACKBITING
BADMOUTH
BLABBERMOUTH
BUSYBODY
DEFAMATION
EAVESDROPPER
GOSSIP
GRAPEVINE
HEARSAY
IDLE CHATTER
IMPLY
INSINUATE
INSTIGATOR
MEDDLER
NOSEY
PRATTLE
RUMOR
SCANDAL
SCANDALOUS
SLANDER
SPREAD
TALEBEARER
TATTLER
TATTLETALE
TROUBLEMAKER
WHISPER

Puzzle 9

An Approved Workman

2 Timothy 2:15-16

R	S	G	N	I	L	B	B	A	B	Y	T	O	B	E	L	R
K	M	K	T	K	T	Q	W	N	J	N	Y	M	T	Y	Z	B
R	G	H	W	H	Q	H	W	O	F	T	R	U	T	H	U	R
F	E	E	C	W	G	H	E	A	N	L	R	X	K	T	B	F
Y	H	Y	L	O	R	T	W	W	P	M	B	Q	L	R	H	O
S	R	K	D	T	H	E	F	E	O	P	R	K	N	Y	X	R
B	I	R	F	Y	R	D	W	N	M	R	R	Q	T	L	Z	K
E	G	B	K	D	N	E	U	A	T	A	D	O	N	K	K	N
S	H	P	L	U	K	E	N	F	L	A	S	K	V	U	F	L
A	T	V	M	T	F	N	T	O	C	L	H	H	L	E	H	C
E	L	L	H	S	I	K	O	R	D	J	I	T	A	L	D	S
R	Y	G	K	A	T	T	K	P	C	V	Z	W	T	M	T	Q
C	C	W	V	S	S	E	N	I	L	D	O	G	N	U	E	G
N	M	D	T	N	A	M	K	R	O	W	A	Z	Z	X	P	D
I	N	B	D	T	W	T	D	W	J	T	H	Y	S	E	L	F
A	W	R	O	R	Y	R	N	G	N	I	D	I	V	I	D	L
F	Q	N	L	C	E	R	O	M	O	T	N	U	R	K	Q	Z

Study to
shew
thyself
approved
unto
God,
a workman

that
needeth
not
to be
ashamed,
rightly
dividing

the word
of truth.
But
shun
profane
and vain
babblings:

for
they
will
increase
unto more
ungodliness.

Puzzle 10

Bountiful Bread
Ecclesiastes 4:5; Proverbs 28:19

A	F	T	E	R	M	L	N	W	S	B	P	B	T	S
F	Q	M	L	E	N	O	U	G	H	T	D	H	N	T
D	F	O	L	D	E	T	H	T	A	F	M	O	O	P
Z	A	T	I	L	L	E	T	H	L	R	S	G	T	E
H	T	E	T	A	E	D	N	A	L	R	E	H	V	D
Z	M	X	R	K	K	T	T	O	E	T	A	A	R	F
P	E	H	M	B	A	N	O	P	H	V	H	N	O	G
G	H	Z	I	H	F	F	N	E	E	L	A	L	N	T
R	T	V	T	S	R	O	R	W	L	N	L	I	A	F
H	U	K	E	Y	L	T	G	A	O	O	V	H	N	T
S	B	Q	H	Q	D	A	H	J	W	S	T	N	T	H
E	C	H	T	D	C	S	N	E	N	E	I	Y	L	A
L	X	Z	I	W	M	Z	T	D	H	K	R	H	F	N
F	K	L	R	S	V	H	Y	T	N	E	L	P	M	D
M	J	M	Y	K	Y	T	R	E	V	O	P	P	B	S

The
fool
foldeth
his
hands
together,
and eateth

his own
flesh.
He that
tilleth
his land
shall
have

plenty
of bread:
but he
that
followeth
after
vain

persons
shall have
poverty
enough.

Puzzle 11

Idle Talk
Matthew 12:36

T	M	N	L	T	T	W	L	W	R	T	C	X
H	L	E	S	P	E	A	K	C	Y	L	R	F
E	T	M	W	R	V	M	G	A	N	T	G	O
Y	H	T	X	F	F	V	S	I	D	V	Z	Y
S	A	A	Z	B	T	A	R	T	V	R	D	A
H	T	H	K	V	C	T	T	C	G	E	O	D
A	G	T	Y	C	W	N	L	U	N	T	O	W
L	D	P	O	M	E	L	I	M	L	N	T	N
L	D	U	T	M	A	E	T	E	Z	K	K	M
Y	N	J	G	H	V	G	U	Z	H	G	W	J
T	O	D	S	E	C	V	B	H	B	T	K	X
B	U	U	R	C	E	L	D	I	N	X	N	Z
J	G	Y	W	D	F	O	E	R	E	H	T	I

But I
say
unto
you,
That
every
idle
word
that men
shall
speak,
they shall
give
account
thereof
in the
day of
judgment.

Puzzle 12

Tattlers and Busybodies
1Timothy 5:13

```
R V K T T H E Y B L T Z V M Q L H
Q D N V Z K R S J T E N M L L T N
D S M M F C G K B K Z A A R C X T
W Z E B K N K C U M T H R B K A W
M G D I I X M O T Y T N T N T K E
G C P H D R T H N I J L K T M S E
N R T L R O O R W L Q Z L C U T S
I N P D G Z B W R T Y E K O L K U
K Z N D B L E Y K M R I H T R T O
A T M N T R M J S S L O D D X M H
E N U A L R M I M U T W Z L R M M
P G L O T K D G N B B V P H E L O
S K R L B L N X C R J W D L N K R
L Q L W E A G N I R E D N A W D F
D Z N T K W H I C H T H E Y Z F T
T Z W A N D N O T D N A O S L A H
N J Q J O U G H T N O T T P G L K
```

And
withal
they
learn
to be
idle,
wandering
about
from house
to house;
and not
only idle,
but
tattlers
also and
busybodies,
speaking
things
which they
ought not.

Puzzle 13

Keep Your Soul from Trouble
Proverbs 21:23; 12:14

Whoso
keepeth
his mouth
and
his tongue
keepeth his
soul
from
troubles.
A man
shall be
satisfied
with good
by the
fruit
of his
mouth: and
the recompence
of a
man's
hands shall
be rendered
unto
him.

Puzzle 14

Be Not a Burden
2 Thessalonians 3:8

D	A	E	R	B	M	T	P	L	X	M	R	T	L	C
M	K	F	B	Y	R	Y	K	Q	A	U	O	Y	F	O
T	Z	T	N	Q	F	A	N	N	R	M	I	G	H	T
Q	H	H	Z	L	R	D	S	X	Y	O	J	G	H	F
C	L	G	N	R	E	D	W	G	B	K	F	B	Q	N
H	A	U	I	W	H	N	L	I	A	V	A	R	T	V
A	B	O	W	N	T	A	L	B	T	P	W	E	Q	D
R	O	N	L	Q	I	R	C	R	M	H	D	T	T	E
G	U	T	Z	J	E	D	L	L	K	I	O	W	W	V
E	R	C	N	T	N	B	G	V	D	A	N	T	W	R
A	A	L	C	O	K	E	T	L	N	A	A	T	W	L
B	T	T	Q	R	T	T	R	Y	N	H	U	D	K	Z
L	Q	H	T	A	V	Z	K	D	T	B	R	T	W	B
E	M	P	B	N	F	L	W	B	N	M	Q	V	H	W
P	X	N	N	Y	H	K	W	R	O	U	G	H	T	W

Neither
did
we
eat
any
man's
bread
for
nought;
but
wrought
with
labour
and
travail
night
and day,
that we
might
not
be
chargeable
to any
of you.

Puzzle 15

Put Your Best Foot Forward
Ecclesiastes 9:10

P	N	O	R	K	N	O	W	L	E	D	G	E	N	F
C	F	Z	X	W	C	T	J	E	H	T	N	I	Y	Y
Z	T	Y	Q	V	C	R	T	B	Q	T	D	T	K	K
E	H	H	X	Y	H	T	H	T	I	W	M	O	R	R
T	V	B	G	X	F	H	D	Y	J	M	M	D	E	F
V	F	A	Z	I	G	I	T	G	W	V	T	O	V	L
N	Y	T	R	W	M	N	N	M	J	S	N	N	E	N
O	L	L	B	G	Z	B	T	D	E	C	O	G	O	H
R	I	S	N	O	D	T	D	O	E	R	Z	W	S	R
D	F	H	M	V	W	O	G	T	W	T	F	K	T	O
E	U	L	L	P	I	E	N	I	W	P	H	P	A	F
V	O	Z	T	T	R	V	S	D	M	O	B	T	H	V
I	H	Q	V	E	W	D	H	A	N	D	R	N	W	W
C	T	K	H	R	O	P	P	N	N	H	R	K	W	R
E	K	T	Q	M	G	J	R	E	H	T	I	H	W	Y

Whatsoever
thy
hand
findeth
to do,
do it
with thy
might;
for
there
is no
work,
nor device,
nor knowledge,
nor wisdom,
in the
grave,
whither
thou
goest.

Puzzle 16

An Idle Mind . . .
Don't Get Caught in the Devil's Workshop!

```
G Q G N J Q S U O L O V I R F L T Q D Q L
L T Q T Z T C H P E T N A I C U O S N I L
B E Z N G N J W K L O S C I T A N C Y Q H
Z T R D N A K R M D Z K N E G L I G E N T
L A W Z I L R E V I T C E F F E N I B W N
B N N Z L A E T L H U R B P J Z P V G I N
L I Y C F H K Q Q A X N U Z V M Q F N Q K
L T S L I C R G C B C R O F Q B Q E L F X
P S H C R N I M X D P K D C B W R B M R L
T A I W T O H V T O E L A Z C T O D J U Q
A R F L R N S M S N M S M D Q U E L N M M
R C T J L H Z E L R P F S D A L P F L V R
R O L N R Y L T O Y T T E E D I R I L O E
Y R E B B E N L T T Y R E W L U S K E D H
F P S L S A M M H J O K A V I D Q I U D R
P J S S N K M Y F B T D Z T I N E T C Q Z
J G X G C X N K U Q F J F Y L T I E T A Q
N C A A D Y V M L Q V U Z X J S C N H W L
W T L R G V T L A X L A T X S G Q A X R L
S S L O I T E R K D L B K A N M W N N W X
K M T I N D O L E N T T L K L N R F R I V
```

BORED
DAWDLE
EMPTY
FRIVOLOUS
HEEDLESS
HOLLOW
IDLE
INACTIVE
INDOLENT
INEFFECTIVE
INERT
INSOUCIANT
LACKADAISICAL
LASSITUDE
LAX
LAZY
LOITER
NEGLIGENT
NONCHALANT
OSCITANCY
PROCRASTINATE
PURPOSELESS
SHIFTLESS
SHIRKER
SILLY
SLACK
SLOTHFUL
STAGNANT
TARRY
TRIFLING
UNFRUITFUL
UNOCCUPIED

Puzzle 17

Honest Money
Proverbs 13:11; 18:9

S	W	B	Y	V	A	N	I	T	Y	R	J	P	B	Z
R	H	F	D	N	S	I	H	N	I	D	Z	D	Q	T
E	L	A	P	T	N	L	L	H	I	R	B	X	M	M
H	S	K	L	D	A	M	H	M	K	K	T	I	B	N
T	T	I	L	L	M	H	I	E	S	N	H	K	N	M
O	H	W	K	Y	K	N	T	L	A	O	B	R	W	H
R	A	A	K	R	I	L	O	P	T	L	U	C	N	T
B	T	S	R	S	O	T	D	C	R	O	S	E	N	E
X	I	T	H	Z	H	W	H	G	B	C	T	O	T	R
H	S	E	W	F	D	B	R	A	R	T	R	Q	C	E
T	D	R	U	D	F	E	L	B	O	E	Z	F	B	H
L	N	L	R	L	C	Y	V	G	L	W	A	T	K	T
A	B	F	N	K	B	R	R	M	K	N	D	T	N	A
E	S	H	A	L	L	I	N	C	R	E	A	S	E	G
W	E	H	T	U	B	T	H	A	T	I	S	A	B	T

Wealth
gotten
by vanity
shall
be
diminished:
but he
that
gathereth
by labour
shall increase.
He also
that is
slothful
in his
work is
brother
to him
that is a
great
waster.

Puzzle 18

How to Get to the Top
Proverbs 18:16; 22:29; 13:4

M A N R A K T N Z C T F Y H Q B A S
T W D U J J W A S M K R E G T N E T
J H O Q T K C O F D O S G R D H J A
H H E F G Y U K T F H N R B S K W N
T M I S F L Y T T A I C R G I M H D
G G J K O F Y H L H D I N K N H L B
D J H F R U E L T R N I G T H H S E
H N Z X H T L O D G K D L K I V N F
N T A Z I S N P E V T K K I S J A O
F E E T M E R T M A K E T H G N M R
B G M R S E H S S E N I S U B E A E
H U R T I S H A L L N O T N M D N C
T E T O A S D M E A N M E N M R N T
A R V T O E E T Z D R A G G U L S P
H O C P H M R D J F N J K H L W M N
D F L M T E K G M S H A L L B E A Q
N E Y M E R O F E B M I H R W N D H
A B T N E G I L I D E H T Q M H E G

A man's
gift
maketh
room
for him,
and bringeth
him before
great men.
Seest
thou a
man
diligent
in his
business?
he shall
stand
before
kings; he
shall not
stand before
mean men.
The soul
of the
sluggard
desireth,
and hath
nothing:
but the
soul of
the diligent
shall be
made
fat.

Puzzle 19

Craftsmanship
Exodus 35:35

```
R L V H A N D O F T H E H R K W Q T D L
L H E F I L L E D L C T C W M I R V X Y
W L A N Y W O R K Y A U T T G S T O F M
C Y A R L T L P I H N L N N T D Q F E M
Y W T H E G K N M J L N H N L O M T S V
T O R E N V B V B Q K L O C I M M H I E
H R K M L L A Q L R Y F W R N N L E V V
J K Q X U R C E O M H N E Z E M G E E E
C M G E W T A W W E R V W K N M M M D N
L A A V M I G C A E A F B R A A E B T O
W N K L Z N T R S R H F J O N N N R A F
D A V R I T T H G N Y T Q W D D I O H T
T N V N X N P N L Z I W M F O O F I T H
D D N G K G E M M N L R L O F F N D R E
F U N L M E O E H Y R T L R B T I E R M
C N Q K H D N H M M P Q N E X H D R G T
M K N T T D M T N G M B R N N O N E L N
C R F A L N Z V J D R X Z N M S A R M T
G O H F Q V K K R O W O T A T E M Q D R
Q T M P E L P R U P N I T M K P N P W W
```

Them
hath
he filled
with
wisdom
of heart,
to work

all
manner of work,
of the engraver,
and of the
cunning
workman, and
of the embroiderer,

in blue, and
in purple,
in scarlet,
and in fine
linen, and of
the weaver,
even of them

that do
any work,
and of those
that devise
cunning work.

Puzzle 20

Be Not Afraid
Nehemiah 6:9

R	H	T	A	H	T	R	T	X	E	E	W	F	N
X	L	B	R	Y	L	A	X	B	N	O	R	Y	M
O	R	K	Y	X	F	F	L	O	R	M	E	G	N
R	G	M	Q	R	Z	L	D	K	T	H	L	M	X
X	R	O	A	F	A	E	B	M	T	M	J	N	U
T	T	I	D	H	R	J	B	H	T	M	A	T	S
H	D	R	S	R	M	O	R	T	R	K	M	D	W
E	Q	L	L	O	K	R	M	H	I	Q	Z	S	E
A	L	L	V	F	G	N	I	Y	A	S	L	D	T
B	S	D	N	A	H	Y	M	E	R	R	K	N	O
E	R	O	F	E	R	E	H	T	H	R	K	A	N
W	J	W	E	A	K	E	N	E	D	T	V	H	F
B	Q	C	D	Z	Q	L	N	O	W	Y	D	X	G
N	E	H	T	G	N	E	R	T	S	F	T	D	Y

For
they
all
made
us
afraid,
saying,
Their
hands
shall be
weakened
from
the
work,
that
it be
not
done.
Now
therefore,
O God,
strengthen
my hands.

Puzzle 21

In the Lord's Service
1 Chronicles 28:20

```
Y Y D N Z B Q Y K T B T F I N I S H E D
H P W O O M K Z D K H O L D D M M Y R F
T P T T L R Q V N E R R I I L T D Q A E
H R Z B B L B H A T G V E F T H T I B G
Q D L K R O N E H N A H O C B N L R R A
H L E H T M J E D D E E E R I T U T P R
U Z H I T F H Z G I S V Z W H V I Q E U
O P T S V O A R F U S K E E I O R B K O
H C F S D R Z L O T L M E P D L L E C C
T T O O V J S H L K L B A D T L L R S T
G F R N K Q F O D T L B N Y I W B Y S M
D T X T W Z M D L O H A C W E E N A K V
D V D L H M K Q R O O E V K S D H N B R
O F E A R N O T Y C M G T T F O D N A X
G F G B S A I D T O T O R C N D R B K N
Y W Y L B T Z T K R G O N D O G D R O L
M O H T Y N B B Y V N Q D L C Y T R M W
N R T H E L O R D G Y Q P F D K T J H M
N K E E H T E K A S R O F D H N C P N D
V T Q M F K P W I T H T H E E N L Y R M
```

And
David
said to
Solomon
his son.
Be strong
and of
good
courage,
and do it:
fear not,
nor be dismayed:
for
the
LORD God,
even
my God,
will be
with thee;
he will
not
fail thee,
nor
forsake thee,
until
thou
hast
finished
all the
work
for the
service
of the
house of
the LORD.

Puzzle 22

Why Tarriest Thou?
Acts 22:15-16

For
thou
shalt
be his
witness
unto
all
men of
what thou
hast
seen and
heard.
And now
why
tarriest thou?
arise,
and be
baptized,
and wash
away
thy
sins,
calling
on the
name
of the
Lord.

Puzzle 23

A Little Slumber
Proverbs 24:33-34

K	R	S	O	H	T	F	G	H	J	O	N	P	L
T	C	F	Z	F	T	X	Q	P	C	T	E	D	I
T	A	L	I	T	T	L	E	O	K	E	T	N	T
S	A	N	F	H	W	E	M	M	L	M	L	Y	T
T	L	H	J	T	L	E	T	S	K	Z	H	C	L
H	W	U	T	S	A	Y	E	A	D	T	X	T	E
Y	A	A	M	S	S	L	N	T	K	N	P	Z	F
P	N	F	N	B	T	H	T	E	D	L	A	L	O
O	A	K	O	T	E	C	A	Y	N	R	D	H	L
V	R	F	I	Y	A	R	Y	L	A	P	Y	L	D
E	M	L	M	W	J	S	A	L	L	L	Q	R	I
R	E	Z	F	R	K	M	Y	G	T	E	H	T	N
T	D	N	T	R	A	V	E	L	L	E	T	H	G
Y	K	H	E	N	O	B	J	W	C	K	H	Z	Z

Yet a
little sleep,
a little
slumber, a
little folding
of
the
hands
to
sleep:
So
shall
thy poverty
come as
one
that
travelleth;
and
thy
want as
an armed
man.

Puzzle 24

Weapons Against Idleness

```
N P Y T F P M N O I T A R T N E C N O C
A J N E M D E L I B E R A T I O N N C M
T K O N B U S Y N E S S R K Y G T O W C
T D I A Z N D N N K M C R S E Q M Y O R
E Q T C N E X R O L M O K N U M T N W C
N Q C I N R A F K I W C D D I C S O A R
T W E T L V K L R D T U O T L I O R I N
I T R Y T L V G R M R R M U D M E F N L
V K I H L R P A S A Y E E E R F T N R B
E Z D P R T H A N K N M R X U A G W E S
N K F L H B I C N T E A X L E X G L S S
E K F T Z S E W X D T R N V C K Y E O E
S G R C U L T B U I N E M R M M Q Y L N
S W P H C X K T O C S Y X T B G T D U T
Y M T L C Y I N G S M A L J L C V K T N
B N L T J T Z Q D K D R M B L F T D E E
E D N Y R X R N Q N L P N R M V D Y N T
K T H O U G H T F U L N E S S L N K E N
L K F N P M P E R S E V E R A N C E S I
N N O I T A N I M R E T E D Y Y R F S T
```

ATTENTIVENESS
BUSYNESS
CAREFULNESS
COMMITMENT
CONCENTRATION
CONSIDERATION
COURAGE
DELIBERATION
DETERMINATION
DIRECTION
ENDURANCE
ENTHUSIASM
EXERTION
FOCUS
FORTITUDE
HARD WORK
INTENTNESS
PERSEVERANCE
PRAYER
RESOLUTENESS
TENACITY
THOUGHTFULNESS
TOIL
ZEAL

Puzzle 25

Broken Vineyard
Proverbs 24:30-31

A K T H L W L C O V E R E D T H E
N T T H E S T O N E L R E V O S K
D Z W F O E R E H T T Y K C N N T
N U N D E R S T A N D I N G A R H
E L F O D R A Y E N I V J N L O E
T J O Z L Z T T J N D O D R L H R
T S M F R L K K W A L B D Y T T E
L L H R T W H A H D Y T L Y B K O
E O F T D H L W N T Z W B J L R F
S T G A I L E A H L F M D K K T A
Z H N V C W N E F I E L D K N N N
T F K J Q E G A B X G K N F F E D
N U S N N I L Z M R T T E O F W R
Q L W A J A T B O E Y K K D W I P
V O T J W L N W X T H T O I M N F
D R V L T L N B A J B T R O X R T
D M L K D G Y P F S J C B V Y C K

I went
by the
field
of the
slothful,
and by the
vineyard of
the man
void of
understanding;
And, lo,
it was
all
grown
over
with
thorns,
and nettles
had
covered the
face
thereof, and
the stone
wall
thereof
was
broken
down.

Puzzle 26

Always Abounding
1 Corinthians 15:58

Q	I	T	T	W	B	A	X	T	J	O	N	T	L	B
R	N	K	T	V	S	R	R	J	R	F	F	T	S	E
G	V	J	R	Y	U	Q	E	P	S	E	M	T	R	Y
N	A	K	E	O	E	P	K	T	H	Y	E	Q	H	E
I	I	T	B	W	R	Q	P	T	H	D	A	N	X	E
D	N	A	B	M	O	F	N	I	F	R	T	W	X	V
N	L	R	B	T	F	I	V	A	S	Y	E	A	L	M
U	W	O	R	K	E	T	S	W	J	N	L	N	H	A
O	R	T	N	X	R	T	K	T	J	P	O	C	G	T
B	E	L	B	A	E	V	O	M	N	U	T	T	F	Y
A	K	T	H	R	H	T	B	E	L	O	V	E	D	Q
L	Y	P	L	W	T	X	R	Z	R	B	D	L	N	R
M	K	Y	L	Q	V	T	B	W	O	N	K	O	C	U
L	F	O	R	A	S	M	U	C	H	W	B	R	N	O
D	R	O	L	E	H	T	N	I	T	R	N	D	Y	Y

Therefore,
my
beloved
brethren,
be ye
stedfast,
unmoveable,
always
abounding
in the
work
of the
Lord,
forasmuch
as ye
know
that
your
labour
is not
in vain
in the Lord.

Puzzle 27

Don't Let Time Slip Away
Ephesians 5:15-17

M	R	B	E	G	K	W	S	M	M	S	V	G	Z	T	Y
M	C	U	C	S	D	E	B	A	I	T	N	X	D	C	E
W	W	T	I	Y	U	E	S	D	T	I	M	T	N	T	H
J	H	U	R	R	Y	A	R	I	M	U	D	L	L	C	T
E	E	N	C	E	W	O	C	E	W	H	B	T	M	K	F
E	R	D	U	C	L	P	E	E	M	N	Z	Z	X	K	O
S	E	E	M	G	G	D	S	G	B	M	U	J	Q	R	L
L	F	R	S	R	E	Y	I	R	T	H	A	T	Y	E	L
R	O	S	P	R	F	R	W	C	X	H	B	R	O	R	I
A	R	T	E	J	T	H	E	T	I	M	E	N	R	N	W
R	E	A	C	D	H	N	N	K	N	T	E	D	T	N	J
E	T	N	T	Z	S	L	O	O	F	H	N	N	A	F	T
E	M	D	L	K	W	W	T	B	T	V	K	R	M	Y	N
V	D	I	Y	K	F	A	A	E	H	T	T	A	H	W	S
I	N	N	Z	Y	S	Z	K	L	X	H	T	M	R	J	J
L	H	G	F	B	T	K	K	Q	K	D	N	M	B	B	Y

See
then
that ye
walk
circumspectly,
not as
fools,
but as
wise,
Redeeming
the time,
because
the days
are evil.
Wherefore
be ye
not unwise,
but understanding
what the
will of the
Lord is.

Puzzle 28

Win the Struggle
Ephesians 6:12

L	M	S	R	E	W	O	P	T	S	N	I	A	G	A	Y
K	C	W	O	R	L	D	A	G	A	I	N	S	T	Q	Q
T	D	P	R	I	N	C	I	P	A	L	I	T	I	E	S
B	S	D	M	P	Z	M	H	S	M	D	D	E	L	H	I
M	Q	N	P	M	N	V	P	N	A	X	L	C	S	T	N
E	V	X	I	J	G	I	T	R	L	T	N	I	Z	F	H
W	X	W	Q	A	R	S	K	X	S	R	H	K	R	O	I
R	A	F	I	I	G	N	E	E	L	T	B	T	W	S	G
O	X	G	T	C	E	A	R	C	T	M	C	W	K	R	H
F	P	U	A	S	K	W	T	M	A	F	T	M	D	E	T
F	A	J	S	I	T	E	G	U	L	L	D	O	O	L	B
L	B	O	N	P	N	B	D	Q	B	E	P	G	L	U	R
T	F	L	B	F	T	S	J	N	D	S	L	K	F	R	L
A	G	A	I	N	S	T	T	H	E	H	V	A	G	B	G
Y	N	O	T	Y	N	Q	G	T	Q	S	N	G	T	M	T
C	T	R	N	K	T	X	D	Q	H	D	S	K	C	R	Z

For we
wrestle
not
against
flesh
and
blood,
but against
principalities,
against powers,
against the
rulers of the
darkness of
this
world, against
spiritual
wickedness
in high
places.

Puzzle 29

Don't Follow Them!
Matthew 23:3-4

```
T R D K N R F Q S H O U L D E R S C K
L L D K I Y V A E H H T I W M E H T X
R K A E S E V L E S M E H T K D M L R
V D H Y K W H A T S O E V E R T H E Y
T T N T T W O R K S F O R T Z E P T M
S H T A B H B O R N E A N D B D H W M
U J E O S I E C L X K T Q O K E L T B
O K R Y N N D M L X J V T W Y L H E W
V R I V S O E L J V B X J B N A R V E
E E E J T A D D B V K C I G T O Y V D
I T H G M Z Y T R B M N R O F B O J O
R F T G N K Z A U U D P B E H M U V N
G A F O D D N A N B B S R B T S O B O
L E O O Z N N P W D E E U O Q R B F T
G Y E N T C X H M R H T N L N E S N F
B C N M L V Y H V T T L F Q H G E Y O
J T O E N W K E K H L L Y M Q N R K R
X R X N H R G R E I V A Y K K I V C N
R H G S N N B Y W P H D M T R F E M W
```

All
therefore
whatsoever they
bid
you observe,
that observe
and do;

but do not
ye after
their
works: for
they say, and
do not. For
they bind

heavy
burdens and
grievous
to be
borne, and
lay them
on men's

shoulders;
but they
themselves
will not move
them with
one of their
fingers.

Puzzle 30

Wages of Laziness
Matthew 25:25-27

W I T H U S U R Y X K D T H E R E F O R E T O T H
Z T D G Z N H Z G W N A E B L P Z C K C Q T S L L
I M H K H T Q G M H N K N K P V R J Z G K E R H M
D L R A T X Y L F E H T A D C W R N T K T M Q A N
N L J M T O N X J R N J N D H I P H T H U D D V R
A J T G M I N L B E X D S M L I W K G O G Y M E L
D D J S G K R E D I W Y W P F U D U H Q Y B K R J
K F K K A T Z E V R J M E X G C O T O J L S Q E K
S Z W T Q H K C A A M N R D D U T H N H L I L C F
R N R Q H H U M K P H M E L O N M I S T T T M E N
E V L Q D A T O D L M I D H A J N L F I T A Y I K
G L Y T Q T V R H R W C T V D T R R A Y H H M V D
N U K C K Q C E T T L H R L H Y N N P S D T O E E
A F P J T H T L P W T E D E T W D D O G Z C N D W
H H K F R J H Y F U S B E D O T I W Y E W T E Z A
C T C N R T Y K L N T A V E H A E Z N T X G Y N R
X O L V R R T W X T R N N E R D M I Q R Q T D J T
E L L O D W A V Z T R I N F N H H Q N W R S L G S
E S T Y R V L V H N M A A O M T H B D R A Z R G J
H D R N J D E M V D T S T B G W T N N I Q T D T N
T N M D M H N H I S A R L Q D Y X L D T R D F P G
O A X K C X T C K W M I H O T N U H A N D W E N T
T E R E H W R E H T A G D N A C R Y B J Y R P P M
B B W M Q W M K N E W E S T B X T G N I M O C Y M
K K M N J E R E H T O L B R J K C P M B P Z Z N W

And I
was afraid,
and went
and hid
thy talent
in the earth:
lo, there
thou hast
that is
thine.
His
lord
answered
and said
unto him,
Thou wicked
and slothful
servant, thou
knewest
that I reap
where I
sowed not,
and gather where
I have not
strawed:
Thou oughtest
therefore to
have put
my money
to the exchangers,
and then at
my coming
I should
have received
mine own
with usury.

Puzzle 31

Do what you can while you can.
John 9:4-5

I must
work
the
works
of
him
that
sent
me,
while
it is
day:
the night
cometh,
when
no
man
can work.
As long as
I am
in the
world, I
am the
light of
the world.

Puzzle 32

Diligence
The Antidote for Idleness

G V Q M C K Z Z Y T I R E L E S S T G Z N D K
M G G N R C W R U N R E L E N T I N G K T G N
S T S A F D A E T S Q C Y A N P R H A K Y J T
U L N V F J G H E V L L J E C T J S X E W H V
O R M F R Q K G P F M S T M N I S B A W O T G
R E Y N E E X Y K J F S U A G I G R V R M C N
U S V D G C K K L V I I T O D W N O O D T O I
T O H I A N D Z D S U S C U I E L U L D E N S
N U L S E E V L R E N N O I S D G Q D L V S I
E R O C R G L E A O T U Y T E H I M D Y I C R
V C R I K I P L C B S A W I D N Y T K R T I P
D E D P J L X S J L O W C O E V T K S L C E R
A F E L J I C C E G W R W I R L K P E A A N E
B U R I N D B G B N N C I B D K D L N W F T T
H L L N W Z U K J N S I P O M E B I E P P I N
N M Y E X K S J B L P I K L U A D R N R C O E
J N J T T T Y Z T F P R B R I S E M A G K U M
E L B A G I T A F E D N I L O V R C J R F S L
Q M H Y Q T V S U O I R E S E W T H R N K J Y
C T F L M P P T T X L R L S K I D M Q L M J R
I N D U S T R I O U S M R N C D M R X F R T L
R E N N I W D A E R B E L A T R L B A J N T Q
S T R I V E G Q H D P B L H P G F M N H N T L

ACTIVE
ADVENTUROUS
ASSIDUOUS
BREADWINNER
BUSY
CONSCIENTIOUS
CONSTANT
DEDICATED
DILIGENCE
DISCIPLINE
EAGER
EARNEST
EFFICIENT
ENTERPRISING
FASTIDIOUS
HARDWORKING
INDEFATIGABLE
INDUSTRIOUS
LABORIOUS
LOGICAL
ORDERLY
PERSEVERE
PERSISTENT
PRACTICAL
RELIABLE
RESOURCEFUL
SENSIBLE
SERIOUS
STEADFAST
STRIVE
THOROUGH
TIRELESS
UNRELENTING
UNYIELDING
WORK

Puzzle 33

Good Works
Ephesians 2:10

Q	H	R	X	Z	T	S	I	R	H	C	M	K	O
D	C	E	R	O	F	E	B	B	J	X	J	T	T
S	V	W	O	R	K	S	H	T	S	T	T	D	N
H	W	M	M	T	A	R	E	L	W	U	M	G	U
O	D	H	G	Q	E	K	X	H	O	M	S	W	D
U	V	E	L	W	X	K	A	C	R	G	L	E	V
L	C	N	N	L	Q	T	R	V	K	O	K	W	J
D	B	N	R	I	H	E	K	Y	M	D	L	T	T
W	K	Y	O	D	A	N	C	D	A	I	G	A	C
L	H	M	F	T	L	D	O	K	N	P	T	H	G
M	W	I	E	Z	K	O	R	T	S	C	H	T	Z
L	K	D	C	L	G	W	H	O	H	Z	W	I	T
Z	I	R	A	H	K	E	G	P	I	R	M	G	S
N	L	W	L	B	M	Y	V	L	P	K	Y	N	P

For
we
are
his
workmanship,
created in
Christ
Jesus
unto
good
works,
which
God
hath
before
ordained
that we
should
walk
in them.

Puzzle 34

Follow Your Calling
2 Peter 1:10

Wherefore
the
rather,
brethren,
give
diligence
to
make
your
calling
and
election
sure:
for
if ye
do
these
things,
ye shall
never
fall.

Puzzle 35

Roaring Lion
1 Peter 5:8

G	M	F	L	V	W	R	R	K	N	N	M	L	X
H	L	I	O	N	P	M	O	H	W	A	Y	J	J
B	E	V	I	G	I	L	A	N	T	S	A	M	K
B	N	W	Y	R	N	G	R	M	D	A	B	H	X
G	E	J	A	M	K	U	C	A	N	R	O	G	K
J	K	C	M	L	O	T	D	R	E	D	U	Q	X
M	G	X	A	V	K	V	W	B	L	L	T	F	G
G	P	L	E	U	E	E	O	E	S	X	L	N	X
M	L	D	T	R	S	S	T	E	H	L	I	V	D
Q	J	I	S	M	P	E	E	H	L	R	N	P	G
T	N	A	V	L	N	K	R	Y	A	B	Q	M	N
N	R	C	N	E	I	J	L	O	J	P	K	R	N
Y	T	R	L	N	D	E	R	U	E	H	T	F	N
W	V	M	G	G	Y	B	T	R	B	Y	V	N	W

Be
sober,
be vigilant;
because
your
adversary
the
devil,
as a
roaring
lion,
walketh
about,
seeking
whom
he
may
devour.

Puzzle 36

A Wise Son
Proverbs 15:20; 19:8

Y	H	X	G	Z	M	G	P	Y	N	M	R	Z	D	N	X
L	H	P	M	L	M	H	T	E	V	O	L	P	T	F	B
B	L	T	W	H	E	T	H	A	T	M	L	N	X	R	X
E	R	H	S	I	L	O	O	F	C	R	R	G	T	N	R
S	Z	K	P	G	H	F	H	X	K	T	V	B	L	E	X
I	V	G	L	E	T	A	Y	T	W	E	U	N	H	A	N
W	F	U	Z	T	E	T	T	L	H	T	E	T	M	X	D
A	O	V	R	T	S	H	X	L	A	A	O	P	N	B	T
S	Q	C	N	E	I	E	D	X	G	M	T	R	E	T	L
S	N	R	W	T	P	R	S	O	S	N	X	N	L	T	W
H	J	C	O	H	S	D	L	I	O	H	A	R	C	I	H
A	L	R	T	K	E	F	H	S	H	G	R	M	S	F	X
L	H	J	K	T	D	V	X	T	F	R	T	D	I	T	G
L	H	M	A	K	E	T	H	A	P	Z	O	N	J	M	L
L	B	Y	K	H	W	V	T	H	E	M	D	R	L	K	M
P	R	K	G	N	I	D	N	A	T	S	R	E	D	N	U

A wise
son
maketh a
glad
father:
but a
foolish
man
despiseth
his mother.
He
that
getteth
wisdom
loveth
his
own
soul:
he that
keepeth
understanding
shall
find
good.

Puzzle 37

Eat Not the Bread of Idleness
Proverbs 31:26-28

N X X S D H T E T A E D N A N V L Q W W
V H C S V A K M A R I S E U P K K D C A
P K R E Q N E N O L H S A W T H G R N Y
E K L N G D V R C U S W R N O R Z M W S
H M G E T H W R B E T N E U D F M X I O
S W K L D F G W N E E H S L R C L W T F
N G Z D P G I D F R H E Y I L W A K H H
K F R I N S N H D H H T L X E T Y L Z E
H M X F D I L L T O X X T Y L U O P L R
E T V O K F I E L H F J W O B P G T V Z
R R M F G H N D Y J R N Y V N N Z N H M
B N O M C E D L R E H N I D N A M B O E
L L T R P W R Y B K W A L S O A N D G T
E F E O G C J F N F S H E L O O K E T H
S H M M R N K T N C M L L Z L B M X W L
S P H E R H U S B A N D M L C X L N A R
E T F K V R E H H T E S I A R P E H L P
D T V V R D Z L X W Z M H E R T B N E W
H F P Z X N V R M H Z H P D D T K L H H
K B L L F Z L R X M K K K Q X D W W T L

She
openeth
her
mouth
with
wisdom;
and in her
tongue is
the law
of kindness.
She looketh
well to the
ways of her
household,
and eateth
not the bread
of idleness.
Her children
arise up,
and call
her blessed;
her husband
also, and
he praiseth her.

Puzzle 38

What Does Idleness Get You?

```
H Y N K G S I N F U L N E S S R C V T P N
W A Y W A R D N E S S R N Z T C D J R E N
D C H V Y W S X G N Y M E R L K H D W R N
G A D J T K C S L P X T O G J Y F C H S M
L R E F R P B J E N T U I M R R B Q I U V
D E T K E Q K Z L N B X K L U E Y N N A K
J L R P V K Y K E L H P T S I A T G I D G
T E E K O L H M E B G S T E R T N G N E N
Y S V F P Q L G G D E R I T M I U H G D Z
R S I N D I N Z I R A M S G N P L F X D M
E N D G V I T S L T I A O I G M T L P N I
L E R E V Y C M I D D P A A Z U Q E R O S
O S D A P O V O Z E R L I D N K L H D I C
O S R Z N X N N L M P B T N Z I T S M T H
F C R T H N L T E M D F T Y G C N N L A I
M R E K R H V N O V D D E S I R E G J X E
O N H T T H M C M W J C J X R T K G F E F
T L G K N O I T C A F S I T A S S I D V T
S S E N S S E L E S U R F K N J T F D W V
R K X L L B A I M L E S S N E S S Y H Z K
T P I S S O G N C D E T P U R R O C K N K
```

AIMLESSNESS
BEMOANING
CARELESSNESS
COMPLAINING
CORRUPTED
CRAVING
DESIRE
DEVILMENT
DISCONTENT
DISSATISFACTION
DIVERTED
ENVY
FRUSTRATION
FUTILITY
GOSSIP
GRIPING
LED ASTRAY
MISCHIEF
PERSUADED
POVERTY
REGRET
SINFULNESS
SLUGGISHNESS
TEMPTED
TOMFOOLERY
TROUBLE
USELESSNESS
VEXATION
WAYWARDNESS
WHINING

Puzzle 39

Soul of the Diligent
Proverbs 13:4; 15:19

```
T R B T U B G N I H T O N L R F N O
B F T U V K K R I M Q K J J Q K M F
K T O Q T P R S V N G L X A Q F P T
V N R L B T M Y D D W T P N K A F H
D E N Y U A H F Q E R P T D E T F E
K G J R D O O E J L S L M T H T D R
F I F E L L S K W K L I T A T H R I
R L P F U H W E Y A E M R B D E K G
R I N O A A T V H G Y R B E K E P H
C D S T Y F L B D T Y R L R T K Y T
H E H O K Z X E L Q Q L W T F H T E
V H F N N N H Y G Q A H V S J H C O
R T M M Z N Y M C H N T R A L R Q U
M L F Z A H R V S X C Z K S N X M S
J B L U F H T O L S E H T I K A F B
J M K T T T H E S L U G G A R D M J
D Q H Q F T L B T W T T N I A L P M
G Q H T H N K O F T H O R N S X W H
```

The
soul of
the sluggard
desireth,
and
hath

nothing: but
the soul of
the diligent
shall
be
made

fat. The
way of
the slothful
man
is as
an hedge

of thorns:
but the way
of the righteous
is made
plain.

Puzzle 40

Hungry Soul
Proverbs 19:15, 24

Slothfulness
casteth
into a
deep
sleep;
and an
idle
soul
shall
suffer
hunger.
A slothful
man
hideth
his
hand
in his
bosom,
and will
not so
much as
bring it
to his
mouth
again.

Puzzle 41

War on Idleness and Sloth

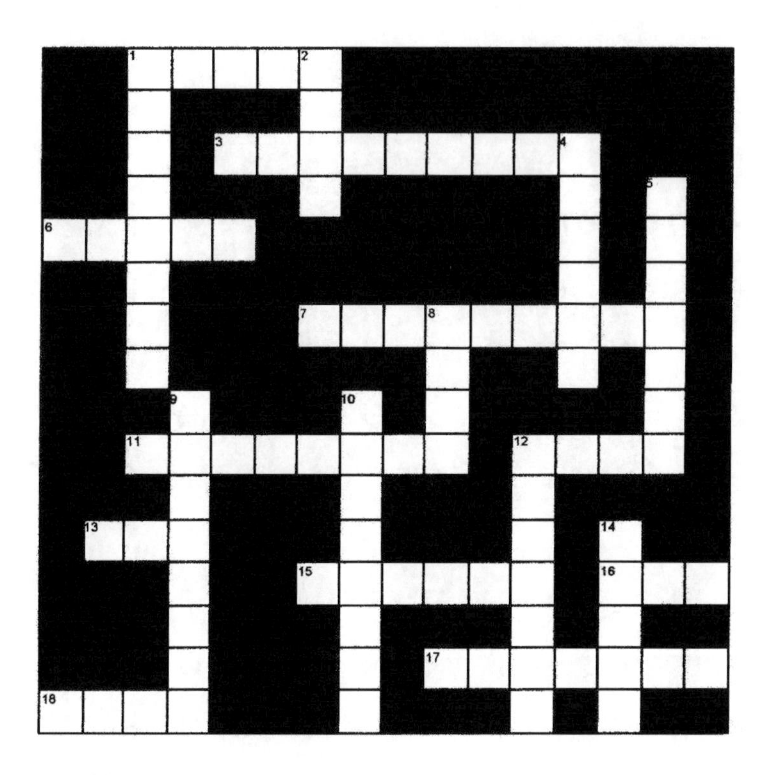

ACROSS

1 One of the seven deadly sins
3 Virtue that can be used to fight idleness
6 The hard working only eat their own _______, according to 2 Thessalonians 3:12
7 Antonym of slothfulness
11 To become skilled to perfection at a task one must do this
12 This must be done without ceasing according to 1 Thessalonians 5:17
13 Look to this creature to learn how to avoid slothfulness according to Proverbs 6:6
15 "Ye shall know them by their _____." Matthew 7:16
16 According to 2 Thessalonians 3:10, if one does not work, then he shall not do this, _______.
17 "The slothful man roasteth not that which he took in ________." Proverbs 12:27
18 David played music to soothe this King according to 1 Samuel.

DOWN

1 Mauled forty-two youths in 2 Kings 2:24
2 King David played this instrument diligently
4 *The Little _________ that Could*
5 The lazy man easily falls into this according to the *Book of Proverbs*
8 An ____ mind is the Devil's workshop.
9 The slothful are punished in the fifth circle of Hell along with these sinners in Dante's *Inferno*
10 Sixth movement of Gabriel Faure's *Requiem*
12 "The ___ Tale" from Chaucer's *Canterbury Tales* features a sermon on Acedia or Sloth
14 Saint invoked against possession and headaches

Puzzle 42

Persevere to the End

ACROSS

2 "Be sober, be ______..." 1 Peter 5:8
5 "An ______ a day keeps the doctor away."
7 "...but the hand of the diligent maketh ____." Proverbs 10:4
10 "...be diligent that ye may be found of him in peace, without spot, and ______." 2 Peter 3:14
13 "To them who by _________ continuance in well doing seek for glory and honour and immortality, eternal life." Romans 2:7
14 Items that were elaborately crafted by the people in Exodus 26.
17 ____ diligence is what one should conduct before making an important decision.
18 Brass instrument that is very difficult to play
19 Instruments used for praise in Psalm 150:5

DOWN

1 "Then Isaac ______ in that land, and received in the same year an hundredfold; and the LORD blessed him." Genesis 26:12
3 *Old Farmer's ______*
4 "Knowing this, that the trying of your ____ worketh patience." James 1:3
6 Hardy green plant with heart-shaped leaves
8 "______ sloth instructs me." Shakespeare, *The Tempest*
9 "Serve the LORD with gladness: come before his presence with ______." Psalm 100:2
11 "Jesu, Joy of Man's _______"
12 "Not slothful in ______; fervent in spirit; serving the Lord." Romans 12:11
15 "A _____ Fortress is Our God"
16 Patron Saint of Difficult Cases
18 Type of tree that was cursed by Jesus in Mark 11

Solutions

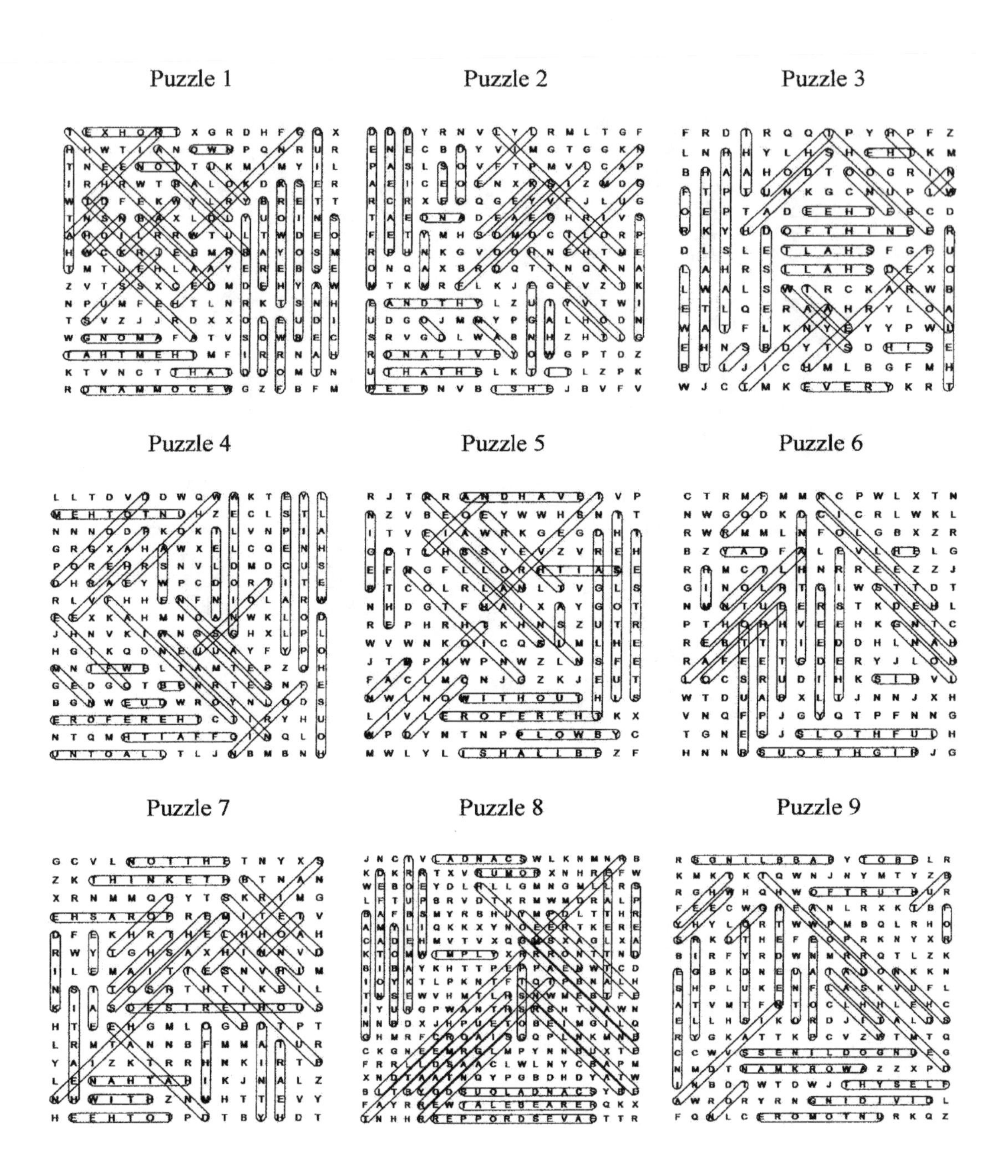

Solutions

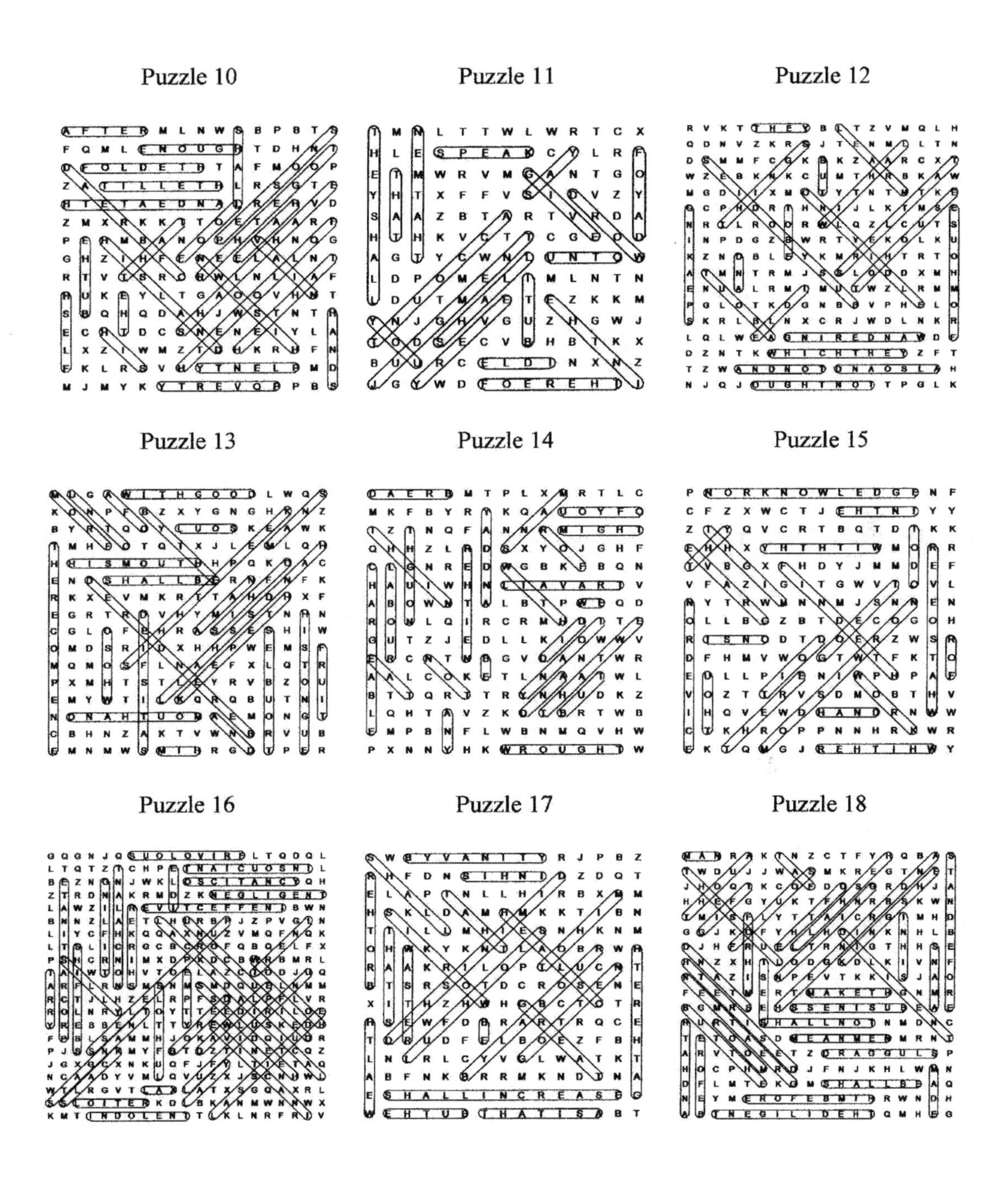
Puzzle 10
Puzzle 11
Puzzle 12
Puzzle 13
Puzzle 14
Puzzle 15
Puzzle 16
Puzzle 17
Puzzle 18

Solutions

Puzzle 19

Puzzle 20

Puzzle 21

Puzzle 22

Puzzle 23

Puzzle 24

Puzzle 25

Puzzle 26

Puzzle 27

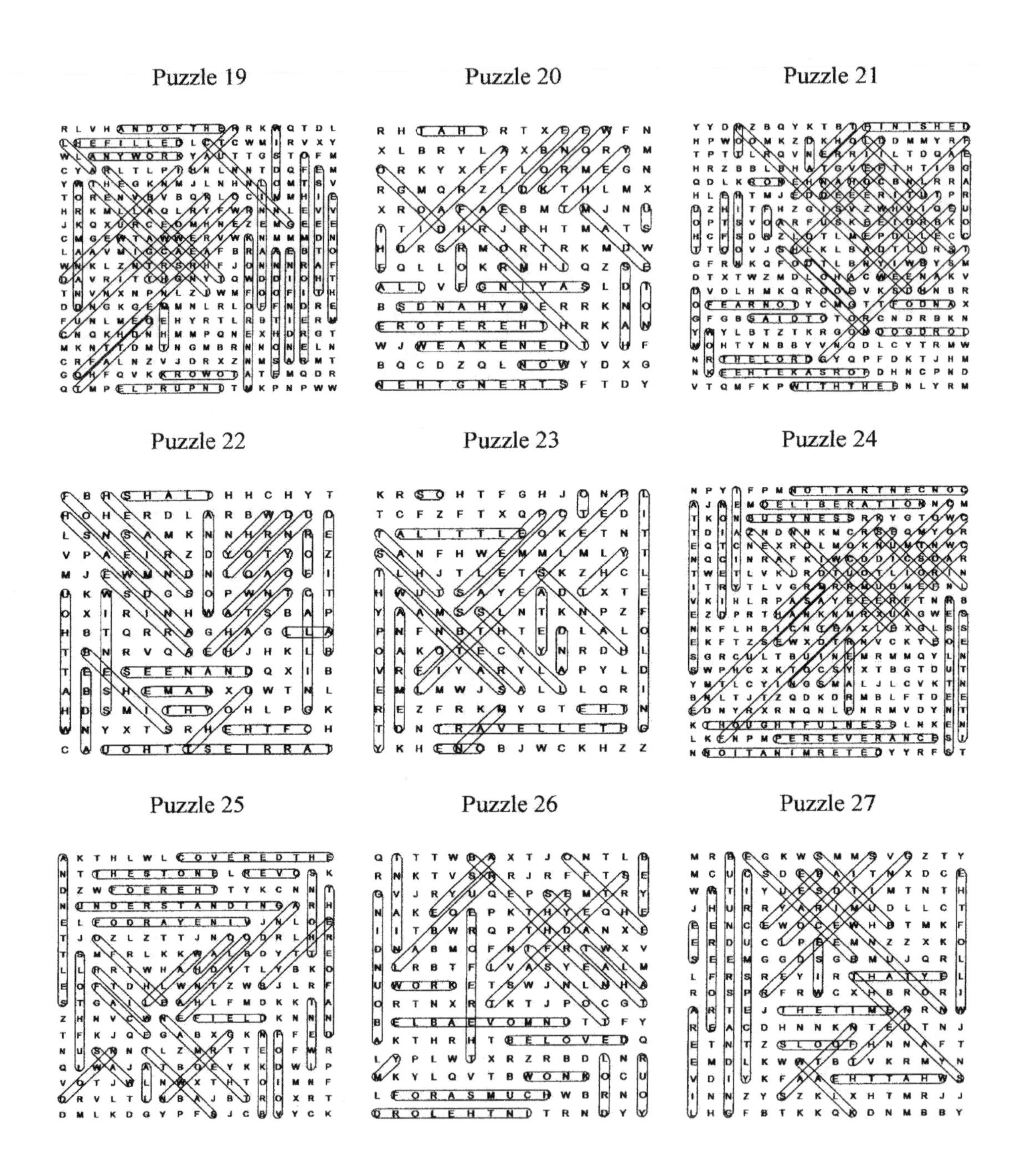

Solutions

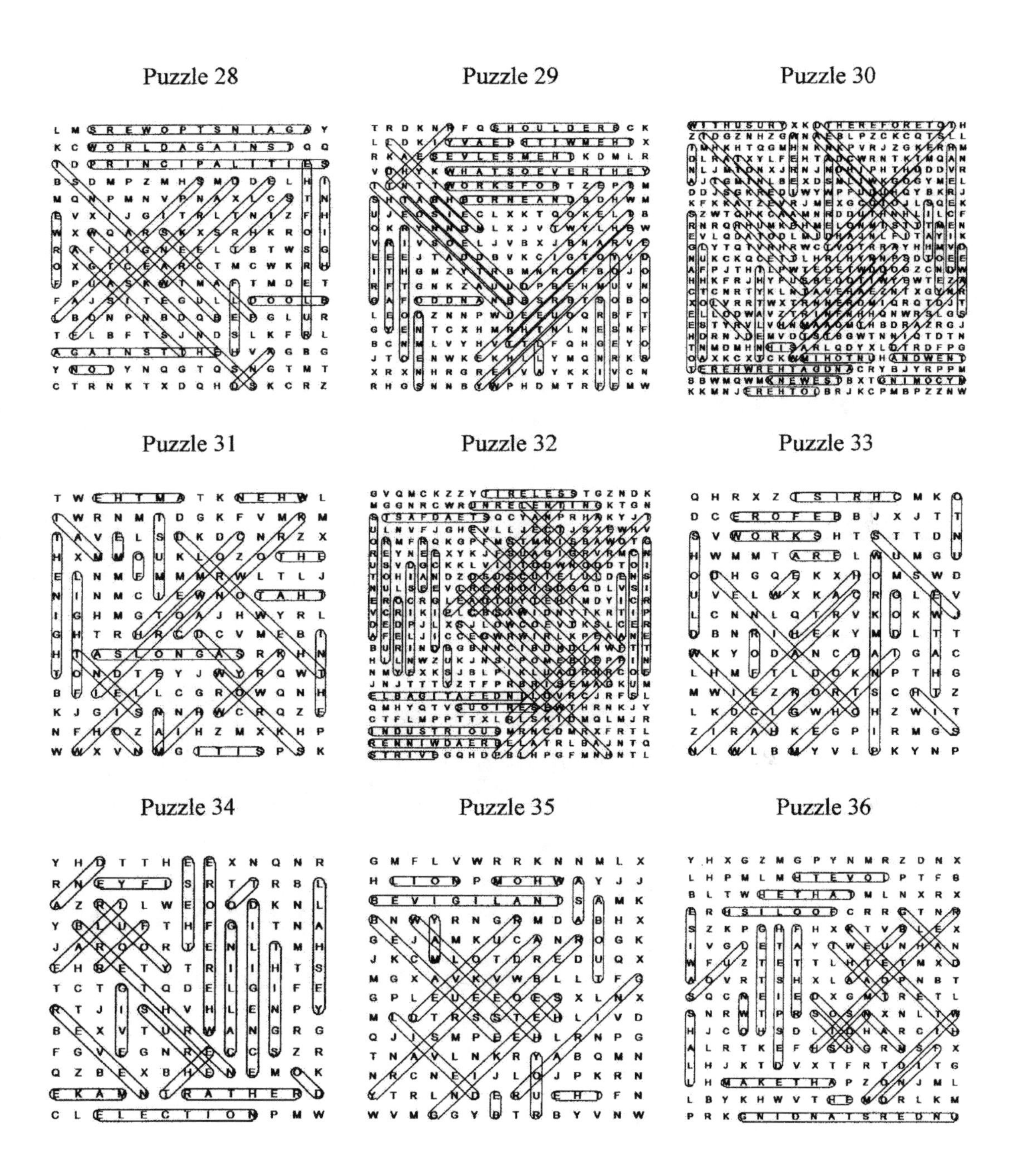

Solutions

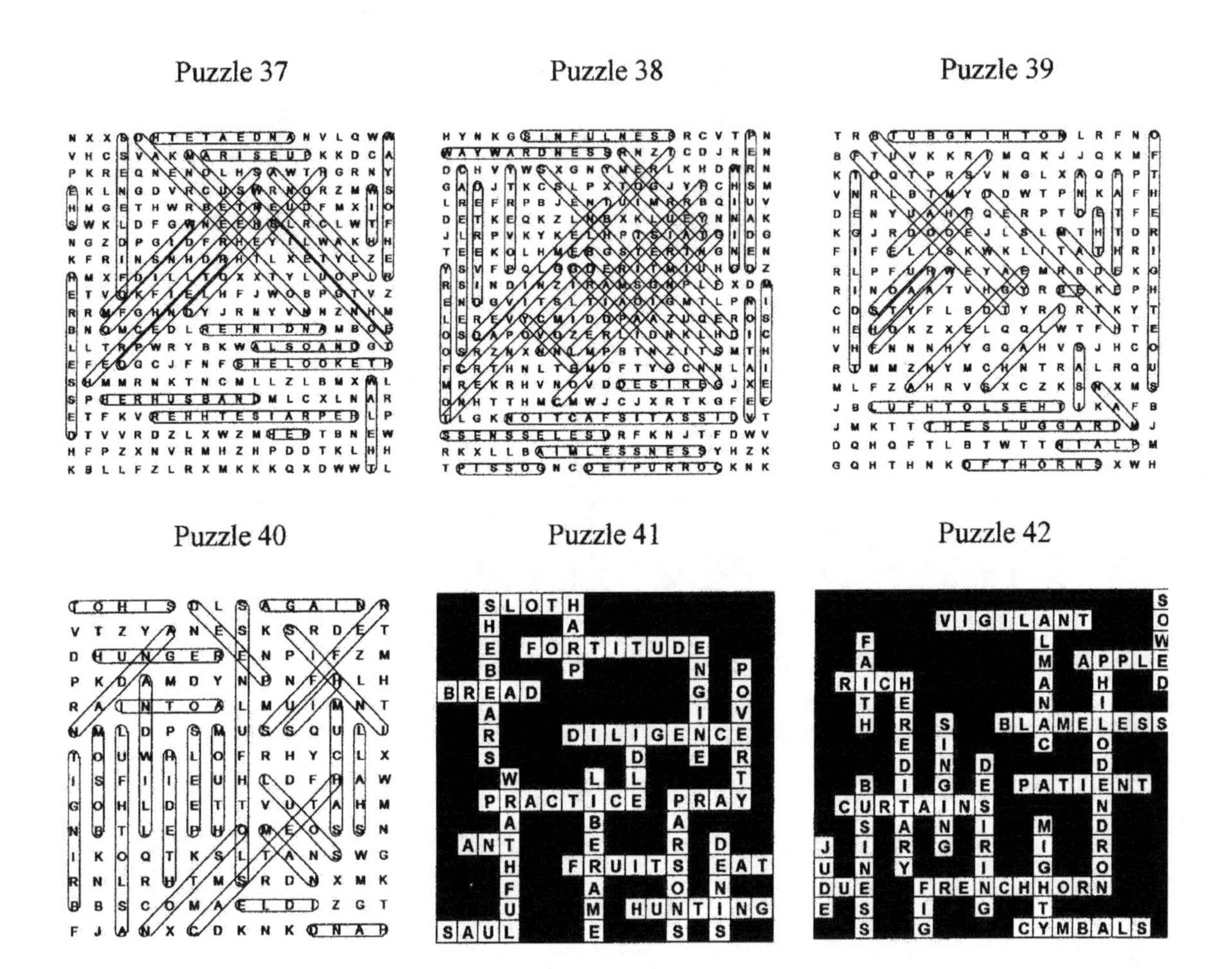